LEÇON D'OUVERTURE

COURS
D'ÉCONOMIE POLITIQUE

PROFESSÉ

A L'ÉCOLE LIBRE DES SCIENCES POLITIQUES

PAR

M. E. CHEYSSON

Ingénieur en chef des Ponts et Chaussées, ancien Directeur du Creusot.

LEÇON D'OUVERTURE

(27 novembre 1882).

Extrait du JOURNAL DES ÉCONOMISTES
(Décembre 1882).

PARIS

LIBRAIRIE GUILLAUMIN ET Cⁱᵉ, ÉDITEURS

de la Collection des principaux Économistes, des Économistes et Publicistes
contemporains, de la Bibliothèque des sciences morales et politiques,
du Dictionnaire de l'Économie politique,
du Dictionnaire universel du Commerce et de la Navigation, etc.

14, RUE RICHELIEU, 14

1883

LEÇON D'OUVERTURE

DU

COURS D'ÉCONOMIE POLITIQUE

DE M. ÉMILE CHEYSSON

À L'ÉCOLE LIBRE DES SCIENCES POLITIQUES [1]

LE CADRE, L'OBJET ET LA MÉTHODE DE L'ÉCONOMIE POLITIQUE.

Difficultés et utilité des définitions. — Rien, Messieurs, n'est plus difficile que la définition d'une science. Comme on ne peut la bien saisir sans posséder dejà toutes les notions qu'elle embrasse et condense dans sa formule, il semble qu'on devrait, en bonne logique, la rejeter à la fin pour en faire le couronnement et le résumé du cours. Ce n'est pas ainsi qu'on procède d'ordinaire, et je me hâte d'ajouter qu'on a raison. En effet, avant de s'engager dans une longue route, on est bien aise d'en connaître au moins l'orientation, de savoir où elle conduit, d'être informé des principaux paysages qu'elle traverse. C'est précisément ce que nous allons faire ensemble aujourd'hui, sauf à jeter plus tard un regard en arrière sur le chemin parcouru, quand nous serons arrivés au terme du voyage.

Cette première leçon va donc être consacrée à vous exposer sommairement le cadre, l'objet et la méthode de l'économie politique.

Les besoins. — Nous n'avons pas à chercher bien loin les phénomènes économiques : ils nous entourent de toutes parts, et, plus encore que l'esprit, ils courent les rues.

Voyez tous ces passants affairés qui se heurtent, prennent

----

[1] 27 novembre 1882.

d assaut les omnibus, se hâtent dans tous les sens. Ils obéissent à des incitations certes bien diverses, mais qui, au fond, se ramènent toutes à celle d'un seul et même mobile : le besoin. A la racine de tous les actes humains, quand on les analyse, on trouve le désir d'échapper à une peine ou de se procurer une satisfaction.

Ces besoins, qui tourmentent l'humanité, ne sont pas de la même importance : il en est qui veulent être satisfaits sous peine de mort, comme la faim ; d'autres qui ne mettent en jeu qu'un sentiment de luxe ou de vanité. Ils ne sont pas non plus du même ordre : les uns, comme le froid et la soif, réclament des satisfactions matérielles : un morceau de charbon ou un verre d'eau ; les autres, comme l'aspiration vers le bien ou la curiosité de l'esprit, ne comportent que des satisfactions immatérielles : le sermon du prédicateur, la leçon du maître.

Ces besoins ne sont pas une quantité fixe ou limitée ; mais ils sont susceptibles d'un essor pour ainsi dire indéfini, et se développent sans cesse avec les satisfactions mises à notre portée. Tout nouveau progrès augmente nos exigences et nous rendrait intolérable la privation de certains objets, qui n'étaient, au début, qu'un raffinement réservé à quelques privilégiés de la naissance ou de la fortune. Chaque étape permet ainsi d'aborder des besoins d'un ordre plus général et plus élevé. Suivant le mot d'un ancien, il faut commencer par vivre ; la philosophie ne vient qu'ensuite : *primo vivere, deinde philosophari.*

Les satisfactions et le travail. — Comment l'effort obtient-il son but : la satisfaction ? — Par le travail. — Ouvriers, employés, fonctionnaires, négociants, tout le monde obéit à cette loi. C'est elle qui imprime à la population parisienne les oscillations d'une grande marée diurne, dont le flux amène le matin les travailleurs à l'atelier, au magasin, au bureau, et dont le reflux les ramène le soir au logis. Quelques oisifs semblent se soustraire à la règle commune ; mais ils consomment leur capital, qui n'est pas autre chose, comme nous le verrons plus tard, que du « travail incarné » dans la matière et conservé par l'épargne. S'ils ne travaillent pas actuellement, ils vivent sur leur travail antérieur ou celui de leur famille. En dernière analyse, le travail est l'instrument de toute satisfaction, comme il a toujours le besoin pour mobile.

Le besoin est donc le grand ressort de l'organisme social ; si vous le supprimez, tout mouvement s'arrête : vous avez une société d'ascètes, de fakirs, de lazzaronis ou de zoulous. Sous les climats torrides, où le soleil dispense l'homme de faire effort pour se loger, s'alimenter, se chauffer et se vêtir, les peuples, énervés par les libéralités de la nature, sont en proie à la mollesse et à la décrépitude. Ainsi que la douleur, dont il est une des formes, et qui est comme un garde-fou placé au bord de tous les précipices, le besoin joue un rôle salutaire en nous contraignant au travail pour acheter la jouissance.

De ces trois termes qui s'enchaînent et s'engendrent, les deux extrêmes, besoin et satisfaction, sont essentiellement personnels. Je désire et je jouis pour mon propre compte, mais je puis travailler pour le compte d'autrui. Le travail entre donc comme un facteur dans les relations de société. Voici l'économie politique qui apparaît avec lui.

Asservissement de la nature aux besoins de l'homme. — L'homme ne travaille jamais seul : il a toujours, même à son insu, un collaborateur puissant, la nature, dont les forces lui viennent en aide, pourvu qu'il sache les discipliner à son usage. Quelquefois, c'est la nature qui fait presque tous les frais, comme dans la cueillette des fruits spontanés, la trouvaille du diamant ou la pêche ; d'autres fois, au contraire, elle n'a qu'un rôle secondaire, comme dans les œuvres d'art et les productions de l'esprit.

Au début de l'humanité, l'homme est dominé par la nature et ne sait pas l'asservir à ses besoins. Il est entouré de forces qu'il ignore ou qui ne se révèlent à lui que par leur tyrannie. Peu à peu il apprend à les connaître et à les domestiquer ; il plie à son service les animaux, l'eau, les vents, le soleil, la vapeur, l'électricité. Il arrive enfin à cet épanouissement de progrès matériels qui fait le légitime orgueil de notre temps [1].

---

[1] Nous empruntons le tableau magistral de ces progrès au discours prononcé par l'illustre secrétaire perpétuel de l'Académie des sciences, M. J.-B. Dumas, à l'inauguration de la statue d'Antoine Becquerel, le 20 septembre dernier :

« On perce les montagnes ; on plane au-dessus des vallées ; on ouvre les isthmes. Des routes livrées à la vapeur, sillonnant de toutes parts le globe, transportent le plus humble voyageur avec une rapidité qu'au temps de leur splendeur les plus grands souverains n'ont jamais connue. La pensée et la parole circulent avec la rapidité de l'éclair autour de la terre. Les engins de la mécanique, rivalisant pour la force avec les géants de la fable, et pour la dextérité avec les mains des fées, élèvent des monuments cyclopéens ou tissent des voiles légers comme les vapeurs aériennes. L'industrie rajeunie renouvelle ses procédés. La betterave fait reculer la canne à sucre. La garance et la cochenille succombent. La cire de l'abeille est délaissée. La fonte remplace la pierre ; le fer se substitue au bois, l'acier au fer. Les mortiers des Romains, surpassés, assurent à nos constructions une durée impérissable. Maniés par l'électricité, les métaux sous les mille formes de l'art et du caprice se prêtent à tous les besoins de l'industrie et à toutes les fantaisies du goût. La lumière fixe les images qu'elle éclaire et, supprimant le travail de l'artiste, les grave

Utilité gratuite et onéreuse. — Ces progrès imposent à la nature une part croissante de collaboration dans le produit commun, et déchargent l'homme d'une part correspondante du fardeau. Ce que font les agents naturels, l'homme n'a plus à le faire. Il augmente ainsi la disponibilité de ses forces, ses loisirs et ses jouissances avec le même travail. « L'utilité gratuite » va toujours en gagnant du terrain sur « l'utilité onéreuse ». C'est une conquête définitive, un progrès continu, et l'une de ces harmonies qu'excellait à mettre en lumière Bastiat.

Formes successives du travail. — Depuis que l'humanité existe, le travail est sa loi, mais il a pris les aspects les plus différents suivant les temps et les lieux. Dans les premiers âges, l'homme est pasteur nomade ; il chasse ou il pêche. Plus tard, il se fixe au sol et le cultive. Plus tard encore apparaissent les petits ateliers industriels ; enfin, ces grandes manufactures, qui groupent autour de la cheminée de l'usine jusqu'à des milliers d'ouvriers. Que de problèmes délicats doit engendrer cette variété de combinaisons ! Que d'occasions de souffrances et de conflits dans ces grandes agglomérations de l'industrie moderne ! Quelle nécessité de rapports exacts entre tous ces rouages pour conjurer les frottements et assurer la bonne marche d'une machine sociale qui devient de plus en plus compliquée ?

Division du travail entre individus et nations. — Ce qui distingue, en effet, les sociétés modernes, c'est leur extrême complication. Au début, tout est simple et comme rudimentaire. Sous la tente de la famille patriarcale, le père est en même temps pontife et roi; dans certaines îles perdues sur nos côtes françaises de l'Océan, « le recteur » (curé) faisait encore, il y a deux ans à peine, fonctions de maire, de notaire, de juge de paix et de débitant [1]; le barbier de certains villages reculés manie à la fois le rasoir et la lancette [2].

---

elle-même sur la planche d'acier destinée à les reproduire. L'agriculture apprend à contrôler ses pratiques et à confier aux machines les services pénibles qu'elle demandait aux ouvriers. L'art de guérir s'enrichit de ces méthodes ignorées de nos pères, qui suppriment la douleur et préviennent les contagions.

« A chaque instant, à chaque pas, au milieu des cités assainies et embellies, à travers les champs ameublis, fécondés, drainés ou irrigués, l'homme moderne se trouve en présence de l'invention bienfaisante. Il en est enveloppé. Il se sent comme entouré d'une foule de génies appliqués à deviner ses besoins ou ses désirs et à leur assurer entière et prompte satisfaction. »

[1] Les pêcheurs de l'île d'Hœdic (Morbihan). — Société d'Economie sociale (séance du 8 mai 1881).

[2] « Dans les petites cités, le même ouvrier fait des lits, des portes, des charrues, des meubles, souvent même il bâtit des maisons.... Un ouvrier qui s'oc-

Mais, à mesure que les sociétés s'agglomèrent et que l'industrie se perfectionne, les fonctions se dédoublent. Un même ouvrier fera toujours la même partie d'une épingle ou d'une montre. Chacun se cantonne dans sa spécialité de plus en plus étroite. C'est « la division du travail », qui a puissamment contribué à l'essor productif de l'activité humaine.

La division du travail ne se borne pas aux individus ; mais elle s'étend de plus en plus aux villes et aux nations, en raison de leurs aptitudes naturelles ou acquises. On ne s'aviserait pas de cultiver le palmier en France, la vigne et l'olivier en Suède. Les pays neufs de l'Amérique et du Canada font de la viande et du blé, pendant que « la vieille Angleterre » fait surtout des tissus et des métaux. Lyon travaille la soie ; Roubaix, la laine ; Sheffield, l'acier. Il s'établit ainsi entre tous les centres, sous la seule impulsion de la concurrence et sans l'intervention des gouvernements, un bienfaisant partage d'attributions qui spécialise la production là où elle rencontre les conditions les plus favorables, c'est-à-dire là où elle peut le plus demander à la nature et donner ainsi le maximum de résultats avec le minimum de travail. Grâce à cette organisation spontanée, que pouvait seule permettre l'amélioration des transports, Paris met à contribution les forces naturelles réparties à la surface du globe, aussi bien le soleil de l'Afrique et les crues du Nil, que la fertilité du *far-west* américain.

Coopération sociale. — La division du travail a pour conséquence nécessaire la coopération sociale. Robinson Crusoë, dans son île, fait tout de ses mains et se suffit à lui-même. On comprendrait aussi, à la rigueur, des individus juxtaposés, dont chacun pourvoirait à ses propres besoins, sans souci de ceux du voisin. Il n'y aurait là ni société, ni économie politique. Mais, si je passe tout mon temps à raboter des planches ou à fabriquer des épingles, il faut bien que d'autres personnes, boulangers et tailleurs par exemple, s'occupent pour moi de ma nourriture et de mon vêtement. J'échangerai avec eux les produits de mon travail : en échange de mes planches, ils me donneront une blouse et du pain.

Plongés dans la société, dont nous faisons partie, et pour ainsi

---

cupe à tant de choses ne peut réussir à toutes également. Au contraire, dans les grandes villes, où une foule d'habitants ont les mêmes besoins, un seul métier suffit à un artisan. Quelquefois même il n'en exerce qu'une partie : un cordonnier ne chausse que les hommes, un autre ne chausse que les femmes. L'un gagne sa vie à coudre des souliers, tandis qu'un autre les coup , etc. Selon l'ordre naturel des choses, un homme dont le travail est borné à une seule espèce d'ouvrage y excellera. » (Xénophon. *Cyropédie*.)

dire aveuglés par l'habitude, nous ne discernons pas nettement les bienfaits que nous devons à cette coopération sociale. Ils sont cependant assez éclatants pour mériter notre attention et notre reconnaissance.

Tandis que, dans les sociétés primitives, chacun doit se défendre seul contre les dangers dont il est entouré, et le plus souvent contre son semblable, « *homo homini lupus* », c'est l'État qui se charge d'assurer la sécurité de nos personnes, de notre travail et de nos biens. L'appareil de la police, de la justice et de la force publique est à notre service et veille sur nous. Nous bénéficions des efforts antérieurs, comme d'un fonds commun sans cesse enrichi par les générations successives. Les places, les rues, les monuments, les routes, les hôpitaux dont nous jouissons nous ont été légués par nos pères. Toutes les inventions s'accumulent à notre profit, et le dernier venu reçoit les bienfaits de tous ceux qui l'ont précédé. Le passé nous enveloppe de toutes parts, nous pénètre et nous soutient [1].

Engrenés dans les mille rouages de cette coopération sociale, tous travaillent pour chacun, à l'insu l'un de l'autre. En ce moment, une jeune paysanne des Vosges brode de la lingerie pour une Parisienne qu'elle ne connaîtra jamais ; un squatter australien élève le mouton, dont la laine sera utilisée l'an prochain pour mon vêtement. Ce sont ainsi des inconnus qui travaillent à satisfaire nos besoins, comme nous travaillons sans le savoir à satisfaire les leurs. Merveilleuse combinaison, qui, par mille canaux invisibles mais sûrs, dirige tous ces services, de manière qu'ils se croisent, se rencontrent et s'échangent !

Ce qui achève de rendre ce spectacle plus merveilleux encore, c'est qu'il est un produit spontané de l'activité humaine, et qu'il n'est pas obtenu par un mécanisme artificiel. Si vous allez voir le matin ces Halles centrales où deux millions de Parisiens doivent

---

[1] « Le principal défaut de notre temps, c'est le dédain du passé, l'insouciance de la tradition, l'oubli de cette vérité que nous sommes l'aboutissant de siècles entiers de dévouements et de sacrifices,... l'intrusion dans les grandes affaires humaines des vues étroites d'une politique superficielle qui n'admet aucune chaîne des morts aux vivants, aucune obligation entre le dernier initié qui reçoit le flambeau de la vie et les divins initiateurs qui l'allument,... l'égoïsme étroit, où l'homme est conçu comme un être sans racines dans le passé, sans liens avec l'avenir. Plébéiens ou patriciens, nous sortons tous d'un passé ; tous nous avons des ancêtres.... La civilisation est une œuvre de raison lente et de science profonde à laquelle on ne travaille utilement qu'en prenant un point d'appui solide sur des assises antérieures. » (M. Renan. Académie des sciences et belles-lettres. — Séance publique annuelle du 29 décembre 1871.)

puiser leurs aliments de chaque jour, vous êtes terrifiés de la grandeur et des dangers du problème. Le ventre de Paris a de si formidables exigences, que l'État devra sans doute veiller à ces approvisionnements. Qu'il s'en garde bien : il l'a essayé autrefois, et il n'a pas eu à s'applaudir d'avoir assumé ces redoutables responsabilités. Ce qu'il a de mieux à faire, c'est de s'abstenir et de laisser agir l'intérêt privé, dont le libre jeu suffit pour assurer le fonctionnement de ces grands services.

Si l'on compare ce que fait chacun de nous à ce qu'il reçoit de la société, on est frappé de l'énorme disproportion entre nos efforts et nos jouissances. Pour une pièce de monnaie, je me procure une étoffe, dont la matière première a été produite en Amérique, transportée en Europe, filée et tissée à Rouen, teinte et imprimée à Paris. Que de services intermédiaires sont rémunérés par cette faible somme ! De même, avec les deux ou trois sous de mon journal, j'ai à ma solde les reporters les plus courageux et les plus indiscrets, qui vont, sur tous les points du globe, affronter les aventures pour me renseigner. Télégraphe, paquebots, chemins de fer, imprimeurs, journalistes ; tout ce monde et tous ces outils sont en mouvement pour mon service, en échange d'une obole qui, grâce à l'étendue des débouchés, constitue au fond une rémunération suffisante de tous ces travaux. Cette vie en société, cette solidarité, qui mettent l'univers à contribution pour découvrir et contenter nos moindres désirs, rendent possibles une foule de satisfactions, qu'on n'aurait même pu entrevoir autrefois, et qui élèvent toujours davantage le niveau de nos besoins et de nos aspirations, — je ne dis pas celui de notre bonheur.

Inégalités sociales. — En effet, ce tableau brillant a ses ombres. Le paupérisme, pour ne citer que lui, est le triste repoussoir des splendeurs dont nous sommes fiers à si juste titre. Comme l'extrême misère coudoie l'extrême opulence, les socialistes, généralisant certains faits, hélas, trop réels ! affirment que la tendance des sociétés modernes est de rendre « le riche toujours plus riche et le pauvre toujours plus pauvre ».

S'il en était ainsi, si la civilisation ne devait fleurir que sur des couches de misérables : s'il fallait acheter l'épanouissement des arts et de l'industrie au prix de si pénibles sacrifices, mieux vaudrait revenir à cette simplicité et à cette rudesse de la nature primitive, dont Rousseau nous a tracé l'idéal mensonger. Il faudrait maudire la mémoire des inventeurs qui seraient les bourreaux de l'humanité, au lieu d'en être « les bons génies ».

Mais, heureusement, il n'est pas exact qu'il y ait un antagonisme fatal entre le progrès moral et le progrès matériel. Une nation avancée ne voue pas forcément une partie de ses membres au malheur, pas plus que toutes les races primitives ne sont heureuses, par cela seul qu'elles sont primitives. On peut, — sans dureté pour une portion de nos semblables, — applaudir aux conquêtes du télégraphe, de la machine à vapeur et du chemin de fer.

Ce qui est vrai, c'est que le problème de la paix à maintenir dans les rapports sociaux devient toujours plus difficile avec la complication des sociétés, et l'instabilité qui en découle. Mais, quelque malaisé qu'il soit, ce problème est loin d'être insoluble, pourvu que le développement des forces morales aille de pair avec celui des progrès matériels. Sous cette condition, nous retrouverons, ici comme partout, cette harmonie qui est la loi consolante des phénomènes économiques, non pas une harmonie pour ainsi dire inconsciente et spontanée, qui ne nous réserve qu'un rôle passif, mais une harmonie conquise par nos efforts, dont elle doit être à la fois le but et la récompense.

Diverses définitions de l'économie politique. — Après ce rapide coup d'œil sur l'activité économique des sociétés, nous pouvons essayer d'aborder la définition de l'économie politique.

Pour Bastiat, elle se confond avec l'échange, comme la société elle-même ; « car il est impossible de concevoir la société sans échange, ni l'échange sans société[1] ». Cette définition, qu'ont adoptée plusieurs économistes de l'école anglaise, sous le nom de « catallactique » (καταλλαγὴ) pourrait tout aussi bien convenir au Droit, qui traite aussi des échanges, quand ils prennent la forme de contrats ; d'autre part, elle exclut les actions désintéressées, qui ont cependant leur effet utile et leur contre-coup économique ; elle est donc à la fois trop large et trop restrictive.

Pour d'autres économistes, qui ont analysé avec vigueur les phénomènes de la production, « l'économie politique est la science du travail[2] ». Malgré ce qu'elle a de séduisant et de vrai, cette définition a peut-être le tort de trop insister sur le moyen, et de laisser dans l'ombre le but et le résultat.

« Tu mangeras ton pain à la sueur de ton front », telle est la loi de la destinée humaine. Le travail, c'est la peine et la fatigue. Certes, il apporte avec lui ses joies et sa récompense,

---

[1] *Harmonies économiques*, p. 93.

[2] « L'économie politique peut être appelée la science des lois naturelles du travail. » (J. Garnier, *Traité*, p. 3.) — « L'Économie politique est la science du travail ; son objet particulier et précis est l'étude des lois du travail, mais de ses lois générales, de ses lois morales. » M. F. Passy. — (*Conférences d'économie politique à Bordeaux. Leçon d'ouverture*, p. 20.)

comme tout devoir noblement accepté, et l'élévation morale qu'il produit est l'un de ses fruits les plus savoureux. Mais, au fond, le but de l'industrie humaine est de nous y soustraire et de nous procurer le maximum de satisfactions avec le minimum d'efforts. Si l'on ne met dans la définition que le travail, on peut le faire prendre, non plus comme une nécessité, mais comme un but, et donner ainsi naissance, chez des esprits superficiels, à de dangereux préjugés contre tout ce qui diminue « le travail national », ou la main-d'œuvre, serait-ce même pour le plus grand avantage du consommateur.

La définition la plus répandue échappe mieux à ce reproche. Pour J.-B. Say, l'économie politique « est la simple exposition de la manière dont se forment, se distribuent et se consomment les richesses » (sous-titre de son cours). Pour Rossi, elle est plus simplement encore « la science des richesses ». D'autres, afin de mieux l'incarner dans cette notion, ont proposé de l'appeler la *chréma-tistique* (χρηματιστική).

Cette définition a donné lieu à de violentes diatribes contre l'économie politique, qu'elle semble restreindre au domaine des choses et des jouissances matérielles. Mais ces accusations de matérialisme, sur lesquelles j'aurai l'occasion de revenir tout à l'heure à propos des rapports entre l'économie politique et la morale, tombent d'elles-mêmes, si l'on comprend sous le mot de « richesses », comme l'ont fait plusieurs économistes, non seulement les produits matériels, mais encore les utilités naturelles, les facultés et les services.

Avec cette notion plus large et plus vraie, la définition qui fait de l'économie politique « la science des richesses » n'a plus rien dont puisse s'alarmer le moraliste le plus austère. Mais, si elle est innocente des méfaits qu'on lui impute faussement, si elle est correcte et exacte dans ce qu'elle dit, je lui reproche d'être incomplète et de ne pas tout dire. Elle fait bien ressortir le moyen et le résultat, mais elle n'indique pas le but ; elle caractérise la « science », mais n'a rien pour l'économie politique, envisagée comme un « art ».

La science et l'art. — En effet, l'économiste ne se propose pas pour unique fin de retracer l'histoire naturelle des fonctions économiques de la société, de décrire passivement des faits, et d'en induire des rapports abstraits. Il a une visée plus haute et plus généreuse : celle de faire servir le résultat de ses études au bien-être de ses semblables. M. Droz veut que l'économie politique se propose de « rendre l'aisance aussi générale qu'il est possible [1] ».

---

[1] *Economie politique*, liv. I, ch. 1er.

Ce sont ces applications qui sont le but de la science et qui constituent le domaine de l'art.

Par l'anatomie et la physiologie, la médecine observe et décrit les organes à l'état de santé ; par la pathologie, elle y constate les désordres dus à la maladie ; enfin, par la thérapeutique, elle indique les remèdes. De même, l'économiste est le médecin des sociétés ; après avoir étudié les organes sains et malades, il se propose pour objet une véritable thérapeutique sociale.

D'après Sénior, l'économie politique « établit : comme science, les lois qui régissent la production et la distribution des richesses ; et comme art, les institutions et les coutumes qui facilitent cette production, et favorisent la prospérité publique ».

Pour Rossi, dès que nous tendons à une fin déterminée, c'est l'art qui entre en scène. Cet art tire ses principes de la science et les prend pour guides ; mais il doit en accommoder les applications aux circonstances du milieu, de la civilisation et du temps, et se rapprocher successivement du but, en mettant à profit toutes les occasions et tous les progrès qui permettent un pas en avant. « L'art est justiciable de la prudence ; la science ne l'est que de la vérité[1]. » La science a des principes et des lois ; l'art des règles et des procédés.

Je résumerai ce qui précède dans ces deux définitions :

« Les richesses sont les produits, les facultés ou les services qui
« sont aptes à satisfaire les besoins matériels ou moraux.

« L'économie politique est la science des richesses et l'art du
« bien-être social. »

Classement de l'économie politique parmi les sciences. — Si « la science est un ensemble de connaissances se rattachant à un objet commun et méthodiquement coordonnées entre elles[2] », et si, « la base fondamentale de toute science, c'est l'idée d'ordre, de règle et de principe[3] », j'ajoute, de permanence et de loi, on ne peut refuser ce nom à l'économie politique. Mais quel rang faut-il lui assigner parmi les sciences ?

Les sciences peuvent se diviser en trois grandes catégories : les sciences mathématiques ou sciences exactes, les sciences naturelles, les sciences morales. Les premières s'occupent des grandeurs, des quantités et des forces ; les secondes, des phénomènes physiques, des végétaux et des animaux ; les dernières, de l'homme et de la société.

---

[1] M. H. Baudrillart. *Manuel d'Economie politique*, ch. ii, p. 10.

[2] M. A. Jourdan. *Cours d'économie politique*, p. 16.

[3] M. Frédéric Passy. *Leçon d'ouverture à Bordeaux*, p. 11.

L'économie politique ne saurait prétendre au rang de science exacte. « Elle n'a pas, comme la géométrie ou la physique, l'avantage de spéculer sur les objets qui se laissent peser ou mesurer [1]. » Elle ne possède pas d'unité, qui puisse servir de commune mesure à toutes les autres, et pour ainsi dire de « mètre ». Ceux qui ont cherché cet étalon des phénomènes économiques, par exemple de la valeur, se sont épuisés à la poursuite de « la quadrature du cercle ». Malgré d'ingénieuses tentatives, les procédés rigoureux du calcul algébrique se sont montrés stériles dans leur application à cet ordre de phénomènes, dont les équations sont impuissantes à embrasser toutes les données.

L'économie politique n'est pas une science naturelle. — Si personne n'a sérieusement songé à rattacher l'économie politique à la catégorie des sciences exactes, voici une école, celle de « l'évolution », qui voudrait en faire une science naturelle, dépendant de la biologie.

Aux yeux de cette école, puissante par le crédit dont elle jouit actuellement et le talent de ses maîtres, les Spencer, les Huxley, les Buckle, les Bagehot, les sociétés, pas plus que les individus, ne jouissent du libre arbitre. Ce sont des organismes, dont le développement a ses lois nécessaires. L'homme est une cellule du grand tout, dont il subit la destinée, et qui se transforme, sans l'intervention humaine, à peu près à la façon d'un polypier ou d'un banc de corail. Dans cette conception, il n'y a plus ni liberté, ni mérite, ni crime, ni vertu. La succession des diverses étapes est inévitable; le progrès est fatal, comme la décadence, comme la mort qui doit emporter les organismes vieillis [2].

Malgré le grand appareil scientifique dont elle cherche à s'étayer, cette thèse est démentie par l'observation, qui nous montre des nations encore vivaces, bien que quarante fois séculaires, telles que la Chine, pendant que d'autres, loin de subir une évolution continue, présentent des oscillations successives de chute et de

---

[1] Bastiat. *Harmonies économiques,* p. 72.

[2] « Il y a longtemps que le matérialisme regarde l'homme comme uniquement formé de terre, d'eau, d'air et de feu, éléments destinés à se perdre, après sa mort, dans les grands réservoirs d'où ils étaient sortis, sans laisser trace du lien pensant qui les tenait unis et animés pendant la vie. Il n'y a là rien de nouveau. Mais cette ancienne doctrine ne suffisait pas à la délicatesse d'une époque civilisée et raffinée. L'homme n'est plus un simple bloc d'argile façonné. L'origine de la vie nous échappe, on le reconnaît; mais on s'empare de la théorie de l'évolution pour faire de l'homme un animal perfectionné, et de celle du combat pour la vie qui en fait l'esclave et le jouet de la force. Quel abîme de dégradation! Quel malheur pour l'humanité! » (J.-B. Dumas. — Séance publique annuelle des cinq académies, 25 octobre 1882.)

relèvement. Non ! ce n'est pas la fatalité, qui fait naître, grandir et mourir les empires. Leurs destinées sont surtout liées à l'action des forces morales. Nous sommes libres, et cette liberté fait à la fois notre grandeur et notre faiblesse ; c'est elle qui est le grand facteur de l'histoire, et qui, suivant qu'elle choisit le bien ou le mal, assure la prospérité ou entraîne la décadence.

Nous rencontrerons plusieurs fois ces doctrines évolutionnistes, dont l'influence s'est fait sentir dans toutes les branches de l'économie politique. J'espère vous démontrer chaque fois qu'elles sont condamnées par les faits, et que notre étude n'est pas celle d'un simple organisme physiologique, qui, inconsciemment et passivement asservi aux lois de la matière, pourrait bien être décrit et disséqué par des naturalistes, mais ne leur laisserait aucune prise sur son évolution. Au contraire, appuyée sur le libre arbitre qui permet à l'homme la sagesse ou les fautes, l'économie politique est fondée à vouloir éclairer cette liberté humaine par les lumières de la science, et la guider ainsi vers ce double idéal du bien-être et de la justice, dont les directions convergent à un même sommet.

Classement de l'économie politique parmi les sciences morales. — L'économie politique n'est donc ni une science exacte ni une science naturelle. A cause de son objet, qui est l'homme en société, et des problèmes qu'elle touche, elle fait partie des sciences morales. C'est ainsi que s'accordent à la classer tous les économistes et c'est à ce titre que l'Institut lui a fait place dans la section « des sciences morales et politiques [1].

« Le temps est sans doute encore fort éloigné, où il sera possible de réunir par une puissante synthèse toutes les sciences morales et politiques en une seule, et de fonder une haute science sociale, comme on pourrait, par la fusion en un seul tout des diverses sciences naturelles, fonder une science générale de la nature [2]. »

Si l'on appelle *économie sociale* ou *sociologie* cette vaste synthèse, qui embrasse toutes les sciences ayant pour objet l'étude de l'homme

---

[1] « A côté de l'Académie des sciences s'appliquant avec ardeur à l'étude de la matière et à celle de la force, l'Académie des sciences morales et politiques s'occupe de l'étude de l'homme. Non point de l'homme considéré comme l'un des types de l'*Histoire naturelle*, mais de l'homme intelligent, moral et responsable, vivant en famille et en société, ayant des devoirs à remplir, des droits à faire respecter, des sentiments et des idées qu'il n'abaisse pas, sans trouble et sans remords, au niveau de la vie animale, de la brute inconsciente. » (J.-B. Dumas, *loc. cit.*)

[2] Rossi. *Cours d'économie politique*, 11e leçon.

en société, telles que l'histoire, l'ethnographie, le droit, la politique, la morale, les religions, on reconnaît que l'économie politique n'est qu'un rameau de cet arbre gigantesque ; elle réagit sur le tronc et sur chacune des branches voisines ; elle subit de son côté leur influence ; elle donne de la sève et en reçoit tour à tour.

Caractères propres des sciences morales. — Pendant que les sciences exactes partent de certains axiomes, avancent toujours, pas-à-pas, sûrement, et passent par un enchaînement rigoureux d'un théorème à celui qui le suit, les sciences morales n'offrent pas un ordre nécessaire dans leurs propositions successives, un commencement, un milieu et une fin. On peut y entrer partout, et les principes, au lieu d'être au point de départ, sont le plus souvent au point d'arrivée.

Les théorèmes démontrés par les mathématiques sont d'une exactitude absolue, dans la limite de la vérité des axiomes dont ils dérivent. Pourvu qu'il raisonne juste, le mathématicien peut poursuivre ses conclusions à outrance ; elles seront toujours vraies. En matière de science sociale, où tout est complexe, comme le sujet « ondoyant et divers » dont il s'agit, ce procédé d'aller toujours droit son chemin, sans regarder ni à droite ni à gauche, pourrait conduire à d'étranges conséquences, en dehors de toute vérité sociale et pratique.

Pour toutes les autres sciences, c'est leur droit et même leur devoir de s'enfermer dans certaines frontières et de négliger ce qui se passe au delà. Cet arbre va servir d'objet distinct d'étude au forestier, au chimiste, au physicien, au botaniste, à l'ingénieur ; chacun d'eux pourra se cantonner dans sa spécialité, sans empiéter sur celle de son voisin. C'est à cette condition que ces diverses sciences peuvent creuser en profondeur, au lieu de s'étaler en surface.

Unité de l'homme et contacts des sciences qui l'ont pour objet. — Les sciences qui touchent à l'homme, les sciences sociales, ne peuvent pas ainsi « se dépecer », suivant le mot d'Auguste Comte. L'homme n'est ni un produit inanimé, ni une plante, ni un animal. Il y a en lui des forces spéciales, qui le différencient du reste de la création, et qui ne souffrent, ni l'isolement total, ni la spécialisation absolue des sciences dont il est l'objet.

Si l'homme a de nombreux aspects, tous doivent se résoudre dans son unité. Il est à la fois un et complexe ; tout coup porté sur un point quelconque retentit au centre, et c'est ce qui fait à la fois la difficulté et la beauté des questions où il est en jeu. On peut donc bien, — et on le doit même d'après les principes relatés plus haut, — isoler dans l'homme tel ou tel aspect par un effort d'abstraction commode pour l'étude ; mais on est tenu de ne jamais oublier que, même dans ce canton soigneusement délimité, il s'agit de l'homme, et non pas d'une entité abstraite, qui s'appellera, par exemple, le producteur ou le consommateur. Il faudra donc jeter de temps en temps les yeux vers le centre et s'assurer, après chaque conclusion, que, bien qu'adaptée aux conditions d'où on l'a dégagée, elle ne contredit pas quelque donnée essentielle et plus impérieuse d'une province voisine.

Rapports de l'économie politique avec la morale. — Pour l'économie politique en particulier, la province qu'elle ne doit jamais perdre de vue, c'est celle de la morale. Il importe beaucoup, dès le début de cet enseignement, et je dirai pour son honneur, d'étudier les rapports entre ces deux sciences, et d'examiner s'ils sont empreints de cette hostilité, ou du moins de cette indifférence, dont on se fait journellement une arme contre les économistes. La question est grave et vaut qu'on s'y arrête.

On a dit, — et quelques imprudences de langage de l'école anglaise [1] ont servi de base à cette accusation, — que l'économie politique n'était qu'une science des choses ; « qu'elle ne faisait que paraphraser le fameux conseil : « Enrichissez-vous », sans souci de la morale et de l'humanité ; qu'elle réduisait l'homme au rôle de simple instrument, en n'hésitant pas à le sacrifier à la production ; enfin qu'elle donnait aux sociétés un idéal bas et sensuel, et intrônisait dogmatiquement le culte des jouissances matérielles et du veau d'or.

Ce sont là, Messieurs, de pures calomnies contre lesquelles proteste l'œuvre de tous les maîtres. « Les produits, écrivait Droz, sont faits pour les hommes et non pas les hommes pour les produits. » — Et ailleurs : « Le bonheur des États dépend moins de la quantité des produits que de la manière dont ils sont répartis. » Écoutez encore cette belle parole de Rossi : « L'économie politique est une science d'humanité et non d'algèbre ; une science enfin qui doit servir au bien-être des sociétés civiles. »

En réalité, les richesses matérielles ne méritent pas les ana-

---

[1] « L'économie politique ne s'occupe que des phénomènes de l'état social, auxquels donne naissance la poursuite de la richesse ; elle fait abstraction entière des passions et des mobiles humains autres que ceux qu'on peut regarder comme engagés dans un conflit perpétuel avec cette poursuite, savoir : l'aversion pour le travail et le désir d'une jouissance immédiate de plaisir. l'économie politique considère le genre humain comme tendant seulement à créer et à consommer des richesses. » (Stuart Mill, *Logique*, p. 536.)

thèmes de ces moralistes trop sévères, qui voudraient ramener l'humanité au brouet de Sparte et à l'écuelle de Diogène. Elles sont un élément important de bien-être matériel, et même de progrès moral, en arrachant l'homme à la servitude d'un labeur sans trêve, et lui procurant des loisirs pour la pensée.

On peut dire, avec Channing, que « l'accroissement de la production est un levier d'éducation morale ». La misère est mauvaise conseillère ; *malesuada. fames.* L'amour de la pauvreté n'est pas une vertu sociale [1] ; il supprimerait tout stimulant à l'activité humaine, et bornerait notre horizon terrestre.

« Le monde, a dit Bourdaloue, a été fait pour l'homme. et l'un des droits et des besoins de l'homme est d'user du monde ; oui, le royaume de la terre nous a été promis, comme le royaume du ciel, et, comme lui, nous devons le gagner à titre de conquête et de récompense. »

La poursuite de la richesse est donc légitime, et personne n'est en droit de la reprendre, à condition qu'elle ne soit pas proposée comme le souverain bien, le but unique de nos efforts, et qu'elle s'allie avec le souci de la loi morale.

A la regarder de près, la richesse n'est elle-même qu'un moyen de satisfaire nos besoins. Nous ne la recherchons pas pour elle-même, mais à cause des jouissances qu'elle nous procure. Au fond, ce que l'humanité recherche depuis son berceau, l'objet véritable de ses aspirations unanimes, c'est le bonheur.

« L'Etat le plus parfait, suivant le mot admirable d'Aristote, est celui où chaque citoyen peut..... pratiquer le mieux la vertu et s'assurer le plus de bonheur. » Pour l'individu, comme pour la société, c'est bien le bonheur qui est le but suprême auquel tendent l'un et l'autre dans toutes leurs poursuites, et à travers l'infinie variété de leurs efforts. C'est le mobile, c'est le rêve de toute vie. Or, s'il est vrai de dire, avec l'adage populaire, que « la richesse ne fait pas le bonheur », il ne l'est pas moins d'ajouter que le dénûment tarit, non seulement le bonheur, mais les facultés elles-mêmes, et qu'il retire dès lors tout moyen de faire du bien, de se rendre utile, de remplir en un mot ses destinées sociales.

Le corps a des besoins qui veulent être satisfaits, sous peine d'enlever à l'âme tout support ou toute énergie. Les anciens l'ont dit avec une entière raison : *mens sana in corpore sano.* Si vous brisez

---

[1] *Mergo vos ne mergar a vobis* (« Je vous noie pour n'être pas noyé par vous »), s'écriait le stoïcien en jetant ses richesses à la mer. Et encore : *Si quem volueris divitem esse, non est quod augeas divitias, sed minuas cupiditates* (« La vraie richesse, c'est de diminuer ses désirs »).

ou faussez le violon, comment l'artiste pourra-t-il rendre les mélodies sublimes qui chantent en lui, et qui périront faute d'un instrument matériel pour les traduire? C'est en ce sens que nous avons le droit de dire avec le bonhomme Chrysale :

Guenille, si l'on veut, ma guenille m'est chère.

Mais cette « guenille » ne constitue pas tout l'homme ; elle peut être largement pourvue, sans assurer le bonheur à son maître, et cela se voit chaque jour. L'intérêt personnel est un puissant mobile des actes humains ; mais ce n'est pas le seul. Il y a l'amour paternel, le patriotisme, la charité. Cet autre domaine est celui de la morale, et l'économie politique, tout en restant chez elle, doit s'assurer qu'elle ne commet contre sa voisine aucun acte d'hostilité. « Supposons, dit Rossi, que ce fût un moyen de richesse nationale que de faire travailler les enfants 15 heures par jour : la morale dirait que cela n'est pas permis..... Quand l'application du travail est contraire à ce but plus élevé que la production de la richesse, il ne faut pas l'appliquer [1]. »

La même restriction serait de mise pour le travail des femmes dans les mines, de l'esclavage, à supposer qu'ils fussent démontrés plus productifs. A côté de l'intérêt de la production, il faudra toujours placer celui du producteur et de la société tout entière.

La poursuite de la richesse ne doit donc pas, suivant le mot énergique du poète, sacrifier à la vie ce qui fait sa valeur :

Et, propter vitam, vivendi perdere causas.

« Il existe une utilité suprême en laquelle se résolvent définitivement toutes les autres, et cette utilité suprême, c'est la justice. C'est à elle à dire le dernier mot dans les affaires humaines, et ce n'est que dans son accord complet avec ses prescriptions que les arrangements économiques puisent la sanction dont ils ont besoin, la preuve qu'ils ne sont entachés d'aucune erreur [2]. »

S'il est indispensable, ce fréquent collationnement de l'utile avec le juste n'a dans la pratique rien qui soit gênant pour l'économiste et qui infirme ses conclusions. « L'utile, a dit excellemment Bordas-Demoulin, est l'aspect pratique du juste; le juste, l'aspect moral de l'utile [3]. » Le conflit, quand on croit le constater, provient souvent

---

[1] *Cours d'économie politique,* t. I, leçon II.

[2] H. Passy, *Journal des Economistes,* juillet 1859. — Voir sur ce même sujet le beau livre de M. Minghetti : *Les rapports entre l'économie politique, la morale et le droit.*

[3] « Le ressort du devoir et celui de l'intérêt doivent être remués ensemble pour avoir dans le cœur de l'homme leur plein et entier effet. » (Bourdaloue. Sermon sur la Providence.)

de ce qu'on s'est arrêté aux apparences. Cette utilité que vous opposez à la morale n'est qu'illusoire et s'évanouit devant un examen plus attentif. Il n'est pas vrai que « le mal de l'un soit le profit de l'autre [1] », et qu'on ait à opter entre la duperie et l'égoïsme. Il n'est pas vrai, pour reprendre l'exemple de Rossi, qu'il soit utile de faire travailler les enfants 15 heures par jour. On aura ainsi, je le veux bien, un surcroît momentané de production ; mais il cessera très vite et, avec lui la production elle-même, puisqu'on l'aura tarie à sa source. Il en va de même pour la plupart des antinomies auxquelles se complaisent des esprits chagrins. On n'a pas regardé assez loin et assez profondément ; on s'en est tenu à « ce qu'on voit », sans rechercher « ce qu'on ne voit pas », et l'on a conclu trop vite à l'affirmation d'une utilité, qui sera tôt ou tard démentie par les faits, aussi nettement qu'elle est repoussée de prime abord par la morale.

En réalité, il n'y a pas antagonisme entre le bien et le vrai, entre le juste et l'utile, entre la morale et l'intérêt. Presque toujours une bonne action est en même temps une bonne spéculation, et dès ici-bas, sur le terrain du succès matériel, on a raison de faire son devoir. C'est là une belle et consolante harmonie dont la démonstration se rencontrera à chaque pas de ce cours.

En résumé, si l'économie politique a le droit de se cantonner de préférence sur le terrain du bien-être matériel et de l'intérêt personnel, qui est un puissant ressort de l'activité sociale [2], c'est à la condition toutefois de ne pas méconnaître les mobiles supérieurs, et de vérifier souvent que ses conclusions n'ont rien qui

---

[1] Ce mot de Montaigne, souvent cité, a été peut-être mal interprété. En effet, il devient exact, si on l'applique au profit immédiat que diverses professions tirent de certains maux publics : le médecin, de l'épidémie ; l'avocat, des procès ; les boutiquiers, de la prodigalité ; les journalistes, du scandale....

[2] Cette thèse vient d'être traitée ave l'*humour* britannique dans le 25e congrès des sciences sociales, qui s'est dernièrement tenu à Nottingham. « On reproche parfois à l'économie politique, a dit M. Hastings, président du congrès, dans son discours d'ouverture, de ne pas inculquer à ses adeptes la morale, la philanthropie, la tendresse, la générosité, la bienveillance, en un mot les sentiments les plus nobles et les plus délicats de la nature humaine. Autant vaudrait se plaindre de ce que les mathématiques sont distinctes de la théologie, et se moquer d'un ingénieur, parce qu'il n'écrit pas des sonnets ou des tragédies ! »

La boutade est spirituelle, mais peu probante. On demande à l'économie politique, non d'inculquer toutes ces vertus à ses adeptes, mais de n'y pas contredire. Il n'y a rien de commun entre le génie civil et la tragédie : on peut tout à la fois être un excellent ingénieur et faire de détestables sonnets, voire même n'en pas faire du tout. Mais un économiste qui aboutirait à des conclusions immorales serait un savant faux et dangereux.

contredise celles des autres sciences morales. Le désaccord avertirait immédiatement que, de part ou d'autre, on a dû négliger
quelque élément dans les déductions, et presque toujours on finira
par s'entendre. Il reste d'ailleurs convenu que, dans le cas de
désaccord irréductible, s'il pouvait s'en produire un de ce genre,
ce serait la morale qui devrait « dire le dernier mot ».

« Le projet de Thémistocle, dit Aristide, est très avantageux,
mais il est injuste » ; et il le fit rejeter.

L'économie politique ne saurait donc encourir ce reproche de
matérialisme, dont j'avais à cœur de la disculper et qu'on lui jette
sans la connaître. Bien loin d'exalter la matière, elle la montre
toujours et partout subordonnée à l'esprit. Le travail est le grand
facteur humain ; mais il doit sa productivité à l'intelligence.
« Cette usine, avec son outillage, ses machines, ses moteurs, n'est
qu'un corps sans âme. Ce qui l'anime, c'est le capital immatériel,
intellectuel, l'habileté de l'ouvrier, la science de l'ingénieur, la
direction intelligente de l'entreprise, la force morale chez tous[1]. »
Plus on serre de près les phénomènes économiques, plus on voit
éclater la vérité de cette grande parole des anciens : *mens agitat
molem ;* c'est l'esprit qui domine et féconde la matière, c'est la
force morale qui sert de support au progrès matériel.

Rapports de l'économie politique avec le droit et la politique. —
Après avoir examiné, un peu longuement peut-être, le rôle et l'attitude de l'économie politique vis-à-vis de la morale, je serai plus
bref sur ses rapports avec la politique et le droit, et sur les services
qu'elle peut leur rendre.

Si l'on admet, avec Bossuet, que « la vraie fin de la politique soit
de rendre la vie commode et les peuples heureux », et, avec
M. Thiers, que « le premier devoir des gouvernements est de
procurer aux peuples la satisfaction de leurs besoins matériels et
moraux, de les rendre aussi prospères que possible, d'éloigner
d'eux la misère qui ruine leur esprit autant que leur corps », on
voit que l'art de gouverner ne peut pas prendre un guide plus
sûr que l'économie politique, qui tend aux mêmes fins.

« Les lois, suivant le mot profond de Montesquieu, sont les
rapports nécessaires qui dérivent de la nature des choses. » Bacon
a dit de même, et avec non moins d'élévation, que l'on n'asservit
la nature qu'à la condition de connaître et de respecter ses lois :
Naturæ non imperatur, nisi parendo. Or, n'est-ce pas l'économie
politique qui enseigne ces rapports naturels et harmonieux des

---

M. **A.** Jourdan, *Traité d'économie politique,* p. 119.

choses et des intérêts, dont la loi humaine doit être l'expression et consacrer le respect?

La loi agit avec une puissance bienfaisante ou redoutable sur la production et la répartition des richesses, par l'impôt, les droits de douane, les travaux publics, le régime de la propriété, du travail et de la famille. Pour l'édicter et l'interpréter, il faut se rendre compte de ses répercussions économiques, se la figurer d'avance à l'œuvre, analyser ses réactions successives, les suivre de proche en proche, à l'état pour ainsi dire vivant et concret, jusque dans les dernières bourgades, prévoir le trouble qu'elle apportera aux arrangements antérieurs, le mal ou le bien qui en résultera définitivement. C'est là pour le législateur et le jurisconsulte un devoir aussi impérieux que difficile. S'il eût été toujours rempli, combien de lois funestes n'auraient pas vu le jour!

Malgré les secours réciproques que se prêtent la politique et l'économie politique, on doit cependant signaler entre elles de graves oppositions de tendances.

La première est que la politique est avant tout un art contingent, qui doit compter avec les passions, les préjugés des hommes, et graduer l'application des principes suivant la dose variable et progressive que tolèrent les circonstances et le milieu. La législation est une sorte de vêtement ou d'armure, qui doit se transformer et grandir avec les sociétés.

L'autre opposition est plus grave et de nature organique. Le jurisconsulte ne voit que la loi, le texte écrit; il laisse au second plan les mœurs, les coutumes, les traditions, tout ce qui constitue à vrai dire la vie d'un peuple; il fait tenir le monde dans ses codes et n'a qu'une préoccupation : celle d'étendre leur domaine. L'économiste a la préoccupation inverse. Pour lui, les choses ayant été réglées avec ordre et mesure, une intervention artificielle du législateur court risque de déranger les harmonies naturelles. Il n'y a donc « qu'à laisser faire, qu'à laisser passer ».

La loi ne me paraît mériter ni le fétichisme des uns, ni la défiance des autres. Si elle n'est pas toujours salutaire, qui pourrait soutenir qu'elle soit toujours funeste? « La disposition à n'admettre que ce degré d'ordre qui s'établit de lui-même équivaudrait dans la pratique sociale à une sorte de démission solennelle de la science [1]. » Tous nos maux ne proviennent pas d'une mauvaise législation économique, et l'on ne serait pas sûr qu'il y aurait tout profit à supprimer certaines contraintes apportées par la loi au libre jeu des intérêts. Mais, — après ces réserves

---

[1] Auguste Comte, *Cours de philosophie positive*, t. IV, p. 202.

qui devaient être faites pour rester dans la juste mesure, — je n'hésite pas à me prononcer contre la tendance des légistes à exagérer le domaine de la loi, à vouloir tout codifier, et à nous garrotter dans des lisières légales. Sans aller jusqu'à oser traiter, comme on l'a fait, la loi de « mal nécessaire », on peut du moins, sans irrévérence, vouloir la limiter à ces fonctions dont la libre activité des individus et des familles ne suffit pas à assurer l'accomplissement. Mais, dans cette conception de la loi, on doit reconnaître que, loin de se rétrécir progressivement, son domaine s'étend avec la complication de nos sociétés modernes, où les familles, toujours plus absorbées par la spécialité, deviennent de moins en moins capables de suffire aux exigences croissantes de l'organisme social.

L'économie politique, tout en cédant à ce qu'a de légitime et d'impérieux ce mouvement, assigne ses limites à l'action gouvernementale, et démasque ces systèmes socialistes qui voudraient supprimer toute initiative individuelle au profit de l'Etat.

Méthode de l'économie politique. — Pour assurer sa marche, sans se laisser troubler par le bruit que soulèvent les faux systèmes, l'économie politique dispose d'une méthode qui a renouvelé toutes les autres sciences, et qui s'applique avec non moins de fécondité aux questions économiques et sociales : celle de l'*observation*.

Peut-être, au début, n'en a-t-on pas toujours proclamé assez haut la nécessité. « Des économistes, les anciens surtout, considéraient l'économie politique comme une science de déduction qu'un penseur, doué d'une tête solide, pourrait construire à lui tout seul dans son cabinet. Rossi lui-même écrivait, il y a quarante ans, « qu'elle est plutôt une science de raisonnement qu'une science expérimentale [1] ».

Le procédé déductif a surtout été celui de l'école anglaise depuis Ricardo jusqu'à Stuart Mill. Il part de vues générales et métaphysiques sur l'homme considéré en lui-même, et les assimilant à « des axiomes, également vrais pour tous les temps et tous les peuples, il déploie toutes les ressources d'une dialectique savante, afin de dire quel doit être l'ordre rationnel des sociétés, au lieu d'observer ce qui est réellement [2] ». C'est le procédé de « l'esprit classique [3] »; c'est aussi celui de Rousseau et de ses adeptes, qui,

---

[1] M. Paul Leroy-Beaulieu, *De la répartition des richeses*, p. 5.

[2] M. Cauwès. *Cours d'économie politique*, t. I, p. 32.

[3] Un maître de la philosophie et de l'histoire, M. Taine, a finement analysé les ravages de « l'esprit classique » à la fin du XVIIIe siècle dans une page brillante qu'on nous saura gré de citer ici : « Les hommes pour lesquels on a fabriqué le *Contrat social* sont des hommes abstraits, qui ne sont d'aucun

se sont forgé un homme ou plutôt un *ho* *unculus*, cosmopolite, abstrait, dépouillé de ce qui constitue une pe sonnalité, ni Grec, ni Français, ni Turc, « l'homme en soi », pour e{ uel il s'agit de trouver des lois idéales, s'appliquant à tout le monde, c'est-à-dire à personne. « Les déductions abstraites de la science pure ne me laissent pas sans inquiétude, disait M. Wolowski, car elles traitent l'homme beaucoup plus comme une force matérielle que cemme une force morale. En contact avec les procédés rigoureux de la spéculation mathématique, l'homme devient une *constante* pour tous les temps et tous les pays, tandis qu'en réalité il est une *variable* [1]. »

Côtés permanents et variables de l'humanité. — Il ne me semble pas exact d'affirmer que l'homme tout entier soit une « variable ». Sous tous les climats et dans tous les âges, il a un fond permanent et identique, qui est comme la trame profonde de l'humanité. Mais chaque siècle et chaque civilisation viennent y apporter leurs variations caractéristiques et le teindre de leurs couleurs particulières. Aussi les principes applicables à l'homme se divisent-ils, comme l'homme lui-même, en deux grandes catégories : celle des lois permanentes et immuables ; celle des règlements sociaux, qui, tout en restant subordonnés à ces lois,

---

siècle et d'aucun pays, pures entités écloses sous la baguette métaphysique. En effet, on les a formés en retranchant expressément toutes les différences qui séparent un homme d'un autre, un Français d'un Papou, un Anglais moderne d'un Breton contemporain de César, et l'on n'a gardé que la portion commune. On a obtenu ainsi un résidu prodigieusement mince, un extrait infiniment écourté de la nature humaine, c'est-à-dire suivant la définition du temps, « un être qui a le désir du bonheur et la faculté de raisonner », rien de plus et rien d'autre. On a taillé sur ce patron plusieurs millions d'êtres semblables entre eux; puis, par une seconde simplification aussi énorme que la première, on les a supposés tous indépendants, tous égaux, sans passé, sans parents, sans engagement, sans traditions, sans habitudes, comme autant d'unités arithmétiques, toutes séparables, toutes équivalentes, et l'on a imaginé que, rassemblés pour la première fois, ils traitaient ensemble pour la première fois. De la nature qu'on leur a supposée et de la situation qu'on leur a faite, on n'a pas eu de peine à déduire leurs intérêts, leurs volontés et leur contrat. Mais de ce que le contrat leur convient, il ne s'ensuit pas qu'il convienne à d'autres. Au contraire, il s'ensuit qu'il ne convient pas à d'autres, et la disconvenance sera extrême si on l'impose à un peuple vivant; car elle aura pour mesure l'immensité de la distance qui sépare une abstraction creuse, un fantôme philosophique, un simulacre vide et sans substance de l'homme réel et complet. » (*La Révolution*, t. 1ᵉʳ, p. 183.

[1] *Introduction aux principes d'économie politique de Roscher*, p. **LV**.

subissent incessamment l'empreinte des circonstances et du temps.

Cette juxtaposition dans le même homme de l'élément immuable et de l'élément évolutif explique les aspirations contradictoires de sa nature, les conflits entre la tradition et la nouveauté. Elle donne ainsi la clef de l'histoire, et fait sentir son contre-coup dans toutes les sciences qui touchent à l'homme, dans l'économie politique en particulier. « Il y a parmi les doctrines économiques des vérités qui sont éternelles : ce sont celles qui forment le fond et la substance de la science; mais il y a aussi des observations qui sont contingentes, auxquelles on a eu le tort de donner souvent la forme de lois, et qui n'ont qu'une vérité relative, suivant les circonstances [1]. »

L'homme est donc « une constante » par certains côtés fondamentaux, sur lesquels ni le temps ni les lieux n'ont de prise. Cette portion permanente de l'humanité fournirait une matière suffisante pour les études de la psychologie; mais elle ne donnerait à l'économie politique qu'une base étroite et métaphysique. Ce serait s'exposer à de graves erreurs que de vouloir appliquer à l'homme tout entier, à l'homme vivant, à notre contemporain, les déductions obtenues en négligeant tous les côtés variables et mobiles de l'humanité [2].

Méthode d'observation. — Cette méthode déductive a été peu en honneur parmi les économistes de notre pays. Si l'observation n'apparaît pas toujours à l'appui de chacun de leurs théorèmes, du moins elle a servi à les établir, comme un échafaudage que l'on enlève une fois la construction édifiée. Aujourd'hui l'esprit public, formé par une excellente discipline et familiarisé pour toutes les sciences avec les procédés de la critique expérimentale, est devenu plus rigoureux aussi pour les économistes. Elle leur enjoint de chausser ostensiblement ces « brodequins de plomb », l'observation et l'expérience, sans lesquels, d'après le mot de Bacon, l'on risque de s'égarer dans les nues; elle veut voir les faits qui servent de support au raisonnement. Comme le dit un maître qui a joint l'exemple au précepte, « on demande à l'économie politique, on lui

---

[1] M. Paul Leroy-Beaulieu, *La Répartition des richesses*, p. 5.

[2] Cette conception déductive de l'économie politique se trouve fortement exprimée dans le discours récent qu'un économiste anglais, M. Lowe, a prononcé au centenaire d'Adam Smith : « Political economy belongs to no nation; it is no country. It is founded on the attributes of the human mind and no power can change it. » (L'économie politique n'est pas circonscrite à une nation ou à un pays, elle est fondée sur les attributs de l'esprit humain, et nul pouvoir n'a prise sur elle.)

fait sommation d'être une science expérimentale, de donner la démonstration de ses théorèmes, non seulement par leur exactitude logique, mais encore par l'accumulation des faits [1] ».

L'économie politique a tout profit à obéir à cette sommation : comme Antée, elle perd ses forces en quittant le sol, et devient invincible en s'y appuyant.

Pour se mettre en contact avec les faits, elle ne peut guère recourir aux procédés de l'expérimentation proprement dite, qui est si féconde dans les autres sciences naturelles, et surtout dans la physiologie. Sauf dans des cas rares [2], on n'est pas admis à faire d'expériences sur un peuple, comme celles que comportent le laboratoire ou l'amphithéâtre. L'économiste ne dispose pas des faits et ne les produit pas à son gré ; il n'a d'autres ressources que de les constater, soit par l'observation directe, s'ils appartiennent au présent, soit par l'histoire, si leur domaine est le passé.

Ces deux formes de la méthode ont plus d'analogie qu'on ne se le figure. Comme les nations se sont avancées d'un pas très inégal dans la voie de leur développement, on peut obtenir des résultats très voisins en jetant un coup de sonde dans l'espace ou dans le temps. L'observation contemporaine nous révèle chez des peuples divers la série des étapes parcourues par un même peuple au cours de son évolution historique ; elle nous montre en pleine vie des organisations sociales qui nous sembleraient inexplicables par les seuls témoignages de l'histoire, et le passé des sociétés humaines s'en trouve éclairé, au même degré que le serait la géologie, si l'on découvrait quelque part à l'état vivant les fossiles enfouis dans les couches profondes du sol.

L'histoire et l'économie politique. — Pour l'étude des phénomènes économiques, l'observation directe peut donc suppléer à l'histoire, tout en comportant une bien autre précision scientifique. L'histoire, en effet, telle qu'elle a été longtemps comprise, n'était guère qu'un récit de batailles et de traités, lié à la biographie des souverains. Elle éclairait ainsi quelques pics, mais laissait tout le reste dans l'ombre. En dehors des acteurs de choix, elle ne faisait apparaître la tourbe obscure des hommes que comme les comparses du drame. En très grande dame qu'elle était, elle dédaignait tout ce qui n'était pas coup de théâtre, et c'est ce qui justifie le dicton : « Heureux les peuples qui n'ont pas d'histoire ! » Trop souvent aussi, les historiens n'ont été « que des avocats de telle ou telle

---

[1] M. Paul Leroy-Beaulieu (*loc. cit.*, p. 5).

[2] Par exemple, dans les cas d'exploitation des chemins de fer par l'Etat, d'industrie officielle, d'ateliers nationaux.

cause, qui fouillent dans le passé pour y trouver des arguments, qui interrogent les faits, comme on interrogeait jadis ceux auxquels on voulait arracher un aveu, en les torturant [1] ».

Il est juste de déclarer que l'histoire renouvelle aujourd'hui ses procédés, et qu'elle commence à quitter les palais des rois et leur cour, voire les chancelleries, les parlements et les champs de bataille, pour hanter les châteaux et les chaumières, pour frayer avec ceux qui vivent sur le sol, bourgeois et artisans des villes, propriétaires et paysans des campagnes.

Importance de l'observation directe. — Quand elle aura accompli cette transformation si désirable et saura s'occuper « des peuples heureux », l'histoire sera devenue une source précieuse où la science sociale pourra puiser des faits. Mais, jusque-là, l'observation directe est le moyen le plus efficace dont dispose l'économiste. Placé en face du fait, il peut l'interroger sous tous ses aspects, inscrire les réponses dans des cadres méthodiques, et aboutir ainsi à des rapprochements aussi instructifs qu'inattendus.

On aurait tort d'ailleurs de s'imaginer que, parce qu'il porte sur des faits courants, usuels, que l'on a sous la main et que chacun se figure connaître, ce procédé soit d'une application banale et pour ainsi dire instinctive. Il demande, au contraire, une préparation spéciale, une attention vigoureuse et beaucoup de précautions. Suivant le mot très juste de Rousseau, « il faut beaucoup de philosophie pour observer ce qu'on voit tous les jours ».

L'observation directe est donc le levier de l'économiste, soit qu'elle procède par ces vastes enquêtes officielles, qui fournissent la matière de nos statistiques administratives et démographiques, soit qu'elle mette en jeu l'action personnelle de l'observateur et se traduise dans des études détaillées ou « monographies » de certains types d'individus, de famille ou d'organisation sociale.

Cette dernière méthode a été mise en lumière et appliquée d'une façon magistrale par un penseur éminent, Frédéric Le Play, dont je m'honore d'avoir été le collaborateur et l'ami, et dont la science sociale déplore la mort récente.

Sciences auxiliaires. — Outre la statistique, qui est son principal auxiliaire, l'économie politique fait encore utilement appel à l'ethnographie, qui décrit les races et en retrace les transformations ; à la géologie et à la géographie, qui enseignent les conditions physiques du milieu dont ces races subissent l'influence. Elle n'a pas à connaître à fond la technologie professionnelle ; mais elle ne peut ignorer l'organisation des ateliers et, par exemple, la composition et

---

[1] M. Jourdan, *Cours d'économie politique*, p. 29.

le fonctionnement des « équipes » dans la métallurgie, les mines, la filature et le tissage ; faute de quelques notions de ce genre, sommaires, mais précises, elle serait condamnée, dans les questions de salaires, aux généralités vagues, et n'oserait pas prendre pied sur le sol.

Rôle de l'induction en économie politique. — Quand les faits fournis par l'observation directe et par les diverses sciences auxiliaires sont ainsi soigneusement réunis et classés, c'est alors que le raisonnement reprend ses droits. Jusque-là, il n'avait guère eu d'autre rôle légitime que de suggérer des hypothèses vraisemblables et provisoires, pour guider l'observateur dans la masse confuse et la complexité infinie des faits. Mais, une fois les matériaux à pied d'œuvre, le moment est venu de bâtir. C'est la tâche de l'induction, qui s'élève des faits à la synthèse, et en dégage soit des lois éternelles et permanentes, comme le fond éternel et permanent de l'humanité, soit des règles contingentes, qui s'adaptent à telle ou telle de ses phases.

Ces lois et ces règles doivent subir elles-mêmes le contrôle, je dirai presque l'assaut des nouveaux faits, sous peine d'être rejetées pour d'autres généralisations plus vraies et plus synthétiques. « Une théorie, a dit Voltaire, est une souris qui passe par neuf trous : un dixième l'arrête » ; et, paraphrasant cette métaphore originale qu'il « trouvait pleine de sens », Arago ajoutait que « multiplier les trous que la souris doit traverser ou le nombre d'épreuves auxquelles une théorie sera soumise, c'est le moyen infaillible de faire marcher les sciences d'un pas assuré ».

De son côté, Aristote recommande, « en étudiant toutes les théories, de les confronter avec les faits eux-mêmes et avec la vie pratique. Quand elles s'accordent avec la réalité, on peut les adopter. Si elles ne s'accordent pas avec celles-ci, on peut les soupçonner de n'être que de vains raisonnements [1] ».

Vous retrouvez là, exprimée avec la haute sagesse du grand philosophe, cette nécessité de ce que j'appelais tout à l'heure « le collationnement » entre les conclusions dogmatiques et leurs conséquences pratiques sur le terrain des faits.

Ainsi, le raisonnement pour guider *a priori* l'observation, et en induire ensuite des lois ; l'observation pour réunir les faits et vérifier les lois *a posteriori;* tel est le partage d'attributions qui me semble devoir s'établir pour les recherches économiques entre la raison et l'expérience, ces deux puissants leviers du progrès humain.

---

[1] Morale, X, IX, 4.

Nécessité actuelle de l'économie politique. — Les problèmes économiques vont, Messieurs, vous assaillir dès votre entrée dans le monde, et vous ne pourrez pas vous y dérober. Autrefois, les questions de ce genre ne se posaient même pas : résolues ou non, elles étaient comme étouffées par la résignation ou l'indifférence générales. On ne soupçonnait guère ce domaine, et la curiosité était ailleurs. Au moyen âge, par exemple, c'est la théologie qui attire et absorbe les esprits d'élite ; à la Renaissance, c'est le culte des lettres et des arts qui ressuscite avec l'antiquité ; au xviie siècle, c'est la littérature et l'éloquence dans leur forme la plus exquise et la plus achevée ; au xviiie siècle, c'est la philosophie avec ses audaces et sa gestation d'un monde nouveau. Chaque siècle apparaît ainsi dans l'histoire avec son trait dominant. Quant au nôtre, qui touche à la fin de sa course, et qui, au point de vue des progrès matériels, pourrait être appelé « l'âge de la vapeur et de l'électricité », il est caractérisé, dans l'ordre moral, par la préoccupation des problèmes concernant l'organisation intérieure des sociétés. C'est le siècle des questions sociales.

L'attention publique est à ce point tournée vers ces questions, que tout le monde se croit capable de les aborder. Tandis qu'il ne viendrait jamais à l'idée d'une personne raisonnable de tenir tête aux spécialistes dans la plupart des sciences, c'est à qui s'arrogera au contraire le droit de résoudre, au pied levé, les problèmes écomiques les plus ardus. Chacun s'y met avec ou sans compétence. Pour une vérité, on lance mille sophismes en circulation. Ces sophismes font souvent fortune : on les rencontre partout, débordants, envahissants, encombrants. En général, les savants sont les maîtres incontestés de leur domaine, dont l'accès est interdit aux profanes par des difficultés extérieures, notamment par une terminologie spéciale. Rien de tel ne défend les abords du terrain économique. Aussi est-il envahi et piétiné par la foule, qui tous les jours, y rend des arrêts aussi bruyants que contradictoires.

Au milieu de ces voix discordantes, faire entendre le langage de la science et de la raison ; démasquer l'erreur qui passe, et proclamer la vérité qui reste ; analyser le rôle des facteurs économiques ; démontrer leurs harmonies et leurs devoirs respectifs, telle est la tâche et tels sont les bienfaits de l'économie politique. Elle vous sera particulièrement utile à vous, Messieurs, que la vie n'a pas encore atteints de ses sophismes et de ses calculs égoïstes. Vous êtes jeunes, privilège inappréciable, dont on sent mieux le prix chaque jour, à mesure qu'il nous fuit, et que Bastiat célébrait magnifiquement dans la célèbre introduction de ses *Harmonies économiques* en les dédiant à « la Jeunesse française ». Vous êtes en outre appelés à exercer une action dans le monde par la parole, la situation, l'ascendant personnel. Or, Messieurs, « science, c'est conscience éclairée ; vouloir et savoir, c'est pouvoir ; vouloir ne suffit pas [1] ».

Nulle étude ne saurait donc mieux vous convenir que celle de l'économie politique. Et si quelqu'un venait vous dire qu'elle serait avantageusement suppléée par la pratique, vous lui répondriez avec Royer-Collard qu'à « vouloir se passer de la théorie, il y a la prétention excessivement orgueilleuse de n'être pas obligé de savoir ce qu'on dit, quand on parle, et ce qu'on fait, quand on agit [2] ».

---

[1] Le père Gratry. *Les Sources*, p. 82.

[2] Le reste de la leçon a été consacré à exposer le programme du nouveau cours, et ses rapports avec celui du cours professé depuis plusieurs années à l'École des sciences politiques sous le titre : *Histoire du développement des doctrines économiques*. Ces explications étant d'ordre pour ainsi dire intérieur, le professeur n'a pas jugé qu'il fût intéressant de les reproduire dans le *Journal des Economistes* (*Note de la rédaction*).

Paris. — Imprimerie A. PARENT, A. DAVY, Sᵣ, rue Monsieur-le-Prince, 31.